A TRAVÉS DE LA NEBLINA

por Rory Thomas
ilustrado por Chris O'Leary

Scott Foresman

Oficinas editoriales: Glenview, Illinois • New York, New York
Ventas: Reading, Massachusetts • Duluth, Georgia
Glenview, Illinois • Carrollton, Texas • Menlo Park, California

Éste es Louis Blériot. Quiere volar un avión desde Francia a Inglaterra. Quiere volar a través del Canal de la Mancha. Nadie lo ha hecho antes. Louis quiere ser el primero.

El Canal de la Mancha tiene veinticuatro millas de ancho. Veinticuatro millas de mar abierto. El agua está fría. Las olas son altas. No hay ningún lugar donde un avión pueda aterrizar. Será un vuelo peligroso.

Louis besa a su esposa. Besa a sus cinco hijos. Le da la mano a su amigo Alfred Le Blanc. Acaricia a su perro. Luego da la vuelta y camina hacia el avión.

Mientras camina Louis piensa: "¿Debería hacer esto? ¿Seré capaz de hacerlo?"

El sol está saliendo. Louis sube a la cabina. Se acomoda en un asiento pequeño y duro.

Louis saca un mapa. El mapa lo ayudará a navegar.

El cielo está claro. Hora de irse. Louis se seca la frente. Repasa el mapa. Revisa la brújula. Revisa los instrumentos. Luego le hace una seña a Alfred: —¡Enciende el motor!

Alfred hace girar la hélice. Una, dos, tres veces. El motor arranca.

El avión avanza. Rebota por el campo cubierto de hierba. Louis jala la palanca. El avión rebota una vez más y se eleva hacia el cielo.

Louis se asoma para ver los paisajes que se pierden abajo. El campo es una mancha verde en la distancia. El avión se aleja de Francia.

Ahora está sobre el agua. Veinticuatro millas hasta Inglaterra. El mar se levanta, gris y frío. La cresta blanca de las olas salpica espuma hacia el cielo.

El sol desaparece. La neblina lo invade todo.

Louis mira el mapa. Saca la cabeza de la cabina. No sabe muy bien dónde está. Sólo puede ver la hélice girando. Sólo puede escuchar el ruido del motor.

Louis está solo sobre el canal. Le preocupa que el motor se caliente demasiado. Si se calienta demasiado, el motor se parará. El avión caerá al agua.

Louis siente una gota en la cara. La lluvia salpica la cabina. A Louis no le importa mojarse. La lluvia enfriará el motor.

Por fin, el avión sale de la neblina. La luz del sol brilla en el agua. Adelante se ve algo como montañas. ¡Son acantilados! Louis estudia el mapa. ¡Es la costa de Inglaterra!

Louis vuela sobre el acantilado. El avión pasa sobre un campo verde. Allí es donde aterrizará. Louis apaga el motor. El avión baja. ¡Pum! Las ruedas tocan el suelo. El avión rebota hasta detenerse. No fue un aterrizaje suave, pero a Louis no le importa.

Louis sale de la cabina. Tiene frío y está cansado, pero está contento. Logró volar sobre el canal de la Mancha.